Spiritisme et jeux d'argent
Les clés de la chance

Sommaire

Introduction :

Définir le spiritisme et les jeux d'argent

Chapitre 1 : Histoire et origines du spiritisme

Les origines de cette pratique, les principaux fondateurs et les courants de pensée qui ont influencé son développement

Chapitre 2 : Les techniques et exercices spirituels

Les différentes techniques utilisées pour communiquer avec les esprits, les exercices pour améliorer ses capacités

Chapitre 3 : Prières et rituels pour attirer la chance

Des prières et des rituels utilisés pour attirer la chance et la prospérité, et comment ils peuvent être utilisés pour gagner aux jeux d'argent

Chapitre 4 : Conseils et mises en garde

Conseils pour éviter les arnaques et les escroqueries liées à l'ésotérisme et aux jeux d'argent, et mise en garde contre les risques potentiels de ces pratiques

Conclusion

Introduction

Le spiritisme est une pratique qui vise à communiquer avec les esprits des défunts à travers des séances de spiritisme, de médiumnité ou de channeling. Elle repose sur l'idée que l'esprit humain est immortel et que les âmes des personnes décédées peuvent continuer à communiquer avec les vivants.

Les jeux d'argent, quant à eux, sont des activités qui impliquent de parier de l'argent sur un résultat incertain, comme les jeux de hasard ou les paris sportifs.

Dans ce livre, nous allons explorer comment l'ésotérisme et le spiritisme peuvent être utilisés pour améliorer ses chances de gagner aux jeux d'argent. Nous aborderons des sujets tels que les techniques et exercices spirituels pour développer ses capacités psychiques, les prières et rituels pour attirer la chance, et les conseils pour éviter les arnaques liées à ces pratiques. L'objectif de ce livre est de fournir des informations claires et pratiques pour ceux qui souhaitent utiliser l'ésotérisme pour améliorer leur chance de gagner aux jeux d'argent.

Chapitre 1 :
Histoire et origines du spiritisme

Le spiritisme est une pratique qui a des origines anciennes, mais qui a pris de l'ampleur au XIXe siècle. Les premières traces de croyances en une vie après la mort et en une communication possible avec les esprits des défunts remontent à l'Antiquité, mais c'est au XIXe siècle que le spiritisme a commencé à se développer en tant que mouvement organisé.

Les origines du spiritisme modernes peuvent être tracées jusqu'à la publication en 1848 du livre "Les tables tournantes de Hydesville" par Allan Kardec. Ce livre décrivait les expériences de deux sœurs américaines, Katie et Margaret Fox, qui affirmaient avoir communiqué avec un esprit à travers des phénomènes de tables tournantes. Ce livre a suscité un grand intérêt pour ces phénomènes et a conduit à une enquête sur les expériences de spiritisme par Allan Kardec, qui est devenu connu comme le fondateur de l'espiritisme moderne.

Allan Kardec a développé une doctrine basée sur cinq livres : "Les livres des Esprits", "Le livre des médiums", "L'Evangile selon le Spiritisme", "Le Ciel et l'Enfer" et "La Génération des Esprits", qui ont été publiés entre 1857 et 1861. Ces livres ont défini les bases de la doctrine spiritiste, qui affirme que l'esprit humain est immortel et que les âmes des personnes décédées peuvent continuer à communiquer avec les vivants. Il a également défini les principes de la moralité spiritiste, basée sur l'amour, le respect, la solidarité et la responsabilité.

Le spiritisme s'est rapidement propagé en Europe et en Amérique du Sud, où il a été adopté par de nombreux mouvements sociaux et religieux. Il a également été influencé par d'autres courants de pensée tels que le spiritualisme américain, qui a émergé aux États-Unis à la même époque et qui se concentrait sur les phénomènes paranormaux tels que les médiums et les communications avec les esprits.

Au fil des ans, le spiritisme a continué à évoluer et à se développer, et il est devenu une pratique populaire dans de nombreux pays. Il a également été influencé par d'autres courants de pensée tels que la psychologie humaniste, qui a mis l'accent sur l'importance de la conscience et de la responsabilité personnelle.

En résumé, le spiritisme est un mouvement qui a des origines anciennes mais qui a pris de l'ampleur au XIXe siècle, grâce à la publication du livre "Les tables tournantes de Hydesville" par Allan Kardec. Allan Kardec a défini les bases de la doctrine spiritiste qui affirme que l'esprit humain est immortel et que les âmes des personnes décédées peuvent continuer à communiquer avec les vivants. Il a également défini les principes de la moralité spiritiste qui se base sur l'amour, le respect, la solidarité et la responsabilité. Le spiritisme s'est rapidement propagé en Europe et en Amérique du Sud, où il a été adopté par de nombreux mouvements sociaux et religieux. Il a également été influencé par d'autres courants de pensée tels que le spiritualisme américain et la psychologie humaniste. Le spiritisme est encore pratiqué de nos jours, bien que son influence ait varié au cours des années.

Au fil des ans, le spiritisme a continué à évoluer et à se développer, et il est devenu une pratique populaire dans de nombreux pays. Il y a des groupes spiritistes et des centres spiritistes dans de nombreux pays, et il y a également des écoles et des universités qui enseignent les principes et les pratiques spiritistes. Le spiritisme est souvent associé à la médiumnité et à la communication avec les esprits, mais il est également considéré comme une source d'inspiration pour la vie quotidienne et pour la prise de décisions éthiques.

De nos jours, il existe différentes formes de spiritisme, certains s'appuient sur les enseignements d'Allan Kardec tandis que d'autres s'en éloignent, mais le but principal reste le même : la communication avec les esprits pour obtenir une meilleure compréhension de l'univers et de notre place en tant qu'être humain.

Il est important de noter que certaines personnes peuvent utiliser les pratiques spiritistes à des fins malveillantes, comme pour tromper les gens en prétendant être en contact avec les esprits pour obtenir de l'argent ou pour manipuler les gens. Il est donc important d'être vigilant et de ne pas se laisser prendre par des escrocs qui utilisent des pratiques spiritistes à des fins malveillantes.

En conclusion, l'histoire et les origines du spiritisme sont liées à la publication du livre "Les tables tournantes de Hydesville" par Allan Kardec, qui a défini les bases de la doctrine spiritiste, une pratique qui vise à communiquer avec les esprits des défunts à travers des séances de spiritisme, de médiumnité ou de channeling. Le spiritisme a continué à évoluer au fil des ans et est devenu une pratique populaire dans de nombreux pays, mais il est important de rester vigilant face aux escrocs qui peuvent utiliser les pratiques spiritistes à des fins malveillantes.

Chapitre 2 :

Les techniques et exercices spirituels. Décrire les différentes techniques utilisées pour communiquer avec les esprits, les exercices pour améliorer ses capacités psychiques et les méthodes pour utiliser l'ésotérisme pour gagner aux jeux d'argent.

Le Chapitre 2 va aborder les différentes techniques et exercices utilisés pour communiquer avec les esprits et pour améliorer ses capacités psychiques. Il va également explorer comment l'ésotérisme peut être utilisé pour gagner aux jeux d'argent.

Il existe de nombreuses techniques et exercices spirituels qui peuvent être utilisés pour communiquer avec les esprits. Les séances de spiritisme sont l'une des méthodes les plus courantes, elles consistent à se réunir en groupe pour entrer en contact avec les esprits à travers des phénomènes tels que les tables tournantes ou la médiumnité. La médiumnité est une technique qui consiste à entrer en contact avec les esprits à travers la voix ou l'écriture automatique.

D'autres techniques incluent la channeling, qui est une forme de communication avec les esprits où un médium transmet des informations reçues de l'esprit à un groupe de personnes. La psychométrie est une autre technique qui consiste à utiliser des objets pour ressentir les énergies ou les informations qui y sont liées.

Il y a également des exercices spirituels que l'on peut pratiquer pour améliorer ses capacités psychiques, comme la méditation, qui peut aider à développer la clairvoyance et la clairaudience. La visualisation est un autre exercice qui peut aider à développer la capacité à voir des images mentales ou à projeter des images dans l'espace. Les exercices de respiration peuvent aider à calmer l'esprit et à améliorer la concentration.

En ce qui concerne l'utilisation de l'ésotérisme pour gagner aux jeux d'argent, il existe différentes méthodes qui peuvent être utilisées. Certaines personnes peuvent utiliser des prières ou des rituels pour attirer la chance, tandis que d'autres peuvent utiliser des techniques telles que la visualisation pour projeter des images de gain dans l'espace. Il peut également y avoir des pratiques comme la numérologie ou l'astrologie qui peuvent être utilisées pour prévoir les résultats des jeux d'argent. Cependant, il est important de rappeler que la plupart des jeux d'argent sont basés sur la chance et il n'y a pas de garantie de gagner, il est donc important de jouer de manière responsable et de ne pas se laisser entraîner par l'espoir de gains faciles.

Il existe différentes méthodes pour organiser une séance de spiritisme, mais voici les étapes générales pour une séance traditionnelle :

- Préparation : Avant de commencer la séance, il est important de choisir un lieu calme et tranquille où vous ne serez pas dérangé. Il est également important de s'assurer que tous les participants sont d'accord pour participer à la séance et qu'ils comprennent les risques potentiels.

- Mise en place : Placez une table ronde dans la pièce et assurez-vous qu'elle est stable. Il est également important de disposer des chaises autour de la table pour les participants.

- Invocation : Avant de commencer la séance, il est important d'invoquer les esprits et de leur demander de se manifester de manière pacifique et respectueuse. Il est également important de se rappeler de ne jamais forcer les esprits à communiquer et de respecter leur choix de ne pas le faire.

- Mise en place des mains : Les participants doivent poser leurs mains sur la table, paumes vers le bas, pour créer un circuit énergétique. Il est important de s'assurer que tout le monde est relié au circuit énergétique pour que la communication avec les esprits soit possible.

- Pose de questions : Les participants peuvent poser des questions aux esprits à travers la table tournante. Il est important de se rappeler de poser des questions ouvertes pour permettre aux esprits de répondre de manière libre.

- *Interprétation : Les réponses des esprits peuvent être reçues sous forme de mouvements de la table ou de bruits. Il est important de noter que les réponses peuvent être difficiles à interpréter et il est donc important de ne pas forcer les interprétations.*

- *Fin de la séance : Il est important de remercier les esprits pour leur participation avant de mettre fin à la séance. Il est également important de briser le circuit énergétique en retirant ses mains de la table. Il est également recommandé de fermer la séance en faisant un rituel de purification pour éliminer toute énergie négative qui pourrait être restée dans la pièce.*

Il est important de noter que les séances de spiritisme peuvent être sujettes à des risques, il est donc important de se rappeler que les esprits ne sont pas toujours bienveillants et de ne pas se mettre en danger. Il est également important de ne pas utiliser les séances de spiritisme à des fins malveillantes ou pour tromper les gens. Il est recommandé de travailler avec des médiums expérimentés et de s'informer sur les risques potentiels avant de participer à une séance de spiritisme.

Il est possible de mener une séance de spiritisme tout seul, voici les étapes à suivre :

- **Préparation :** Avant de commencer la séance, il est important de choisir un lieu calme et tranquille où vous ne serez pas dérangé. Il est également important de vous rappeler que la communication avec les esprits peut être risquée et de ne pas vous mettre en danger.

- **Mise en place :** Placez une table ou une chaise devant vous et assurez-vous qu'elle est stable. Il est également important de vous asseoir confortablement pour pouvoir vous concentrer.

- **Invocation :** Avant de commencer la séance, il est important d'invoquer les esprits et de leur demander de se manifester de manière pacifique et respectueuse. Il est également important de se rappeler de ne jamais forcer les esprits à communiquer et de respecter leur choix de ne pas le faire.

- **Pose de questions :** Vous pouvez poser des questions aux esprits à travers l'objet que vous avez choisi. Il est important de se rappeler de poser des questions ouvertes pour permettre aux esprits de répondre de manière libre.

- **Interprétation :** Les réponses des esprits peuvent être reçues sous forme de mouvements de l'objet ou de bruits. Il est important de noter que les réponses peuvent être difficiles à interpréter et il est donc important de ne pas forcer les interprétations.

- *Fin de la séance : Il est important de remercier les esprits pour leur participation avant de mettre fin à la séance. Il est également recommandé de fermer la séance en faisant un rituel de purification pour éliminer toute énergie négative qui pourrait être restée dans la pièce.*

Il est important de rappeler que la communication avec les esprits peut être risquée et que les esprits ne sont pas toujours bienveillants, il est donc donc important de prendre des précautions pour éviter les risques potentiels. Il est également recommandé de ne pas utiliser les séances de spiritisme à des fins malveillantes ou pour tromper les gens. Il est important de se rappeler que les séances de spiritisme sont un moyen de communiquer avec les esprits et non un moyen de gagner de l'argent ou d'obtenir des avantages matériels.

Il est également recommandé de s'informer sur les risques potentiels et de se familiariser avec les techniques de communication avec les esprits avant de mener une séance de spiritisme seul.

Voici les étapes générales pour mener une séance de channeling :

- *Préparation : Avant de commencer la séance, il est important de choisir un lieu calme et tranquille où vous ne serez pas dérangé. Il est également important de vous préparer mentalement et émotionnellement en vous concentrant sur vos objectifs et en vous détendant.*

- *Mise en place : Il est important de vous asseoir confortablement pour pouvoir vous concentrer. Vous pouvez utiliser un crayon et un papier pour écrire les informations reçues.*

- *Invocation : Avant de commencer la séance, il est important d'invoquer les esprits et de leur demander de se manifester de manière pacifique et respectueuse. Il est également important de se rappeler de ne jamais forcer les esprits à communiquer et de respecter leur choix de ne pas le faire.*

- *Mise en place des mains : Il est important de placer vos mains sur votre plexus solaire pour créer un circuit énergétique. Il est également important de se concentrer sur votre respiration pour vous détendre et vous centrer.*

- *Pose de questions : Vous pouvez poser des questions aux esprits en vous concentrant sur votre objectif. Il est important de se rappeler de poser des questions ouvertes pour permettre aux esprits de répondre de manière libre.*

- *Réception des informations : Les informations reçues peuvent être sous forme de voix intérieure, d'images mentales, de sensations physiques ou d'émotions. Il est important de noter toutes les informations reçues, même si elles peuvent sembler incohérentes ou peu claires.*

- *Interprétation : Il est important de ne pas forcer les interprétations et de laisser les informations s'intégrer dans votre conscience. Il est également important de se rappeler que les informations reçues peuvent avoir un sens différent à un moment ultérieur.*

- *Fin de la séance: Il est important de remercier les esprits pour leur participation avant de mettre fin à la séance. Il est également recommandé de fermer la séance en faisant un rituel de purification pour éliminer toute énergie négative qui pourrait être restée dans la pièce. Il est important de prendre le temps de relire les informations reçues et de les intégrer à votre vie quotidienne. Il est aussi important de se rappeler que l'interprétation des informations reçues peut évoluer avec le temps.*

- *Il est important de noter que le channeling est un processus personnel et il peut être nécessaire de travailler avec des pratiquants expérimentés pour développer ses capacités de channeling. Il est également important de ne pas utiliser les informations reçues pour tromper les gens ou prendre des décisions qui peuvent causer des dommages. Il est recommandé de s'informer sur les risques potentiels et de se familiariser avec les techniques de channeling avant de mener une séance de channeling.*

Voici les étapes générales pour mener une séance de psychométrie :

- **Préparation** : Avant de commencer la séance, il est important de choisir un lieu calme et tranquille où vous ne serez pas dérangé. Il est également important de sélectionner un objet qui vous intéresse et qui est facile à manipuler.

- **Mise en place** : Il est important de vous asseoir confortablement pour pouvoir vous concentrer. Vous pouvez utiliser un crayon et un papier pour noter les informations reçues.

- **Invocation** : Avant de commencer la séance, il est important de vous concentrer sur l'objet et de demander à recevoir des informations sur son histoire ou sur les personnes qui l'ont utilisé.

- **Mise en place des mains** : Il est important de tenir l'objet entre vos mains et de vous concentrer sur vos sensations physiques et émotionnelles. Il est également important de se concentrer sur votre respiration pour vous détendre et vous centrer.

- **Réception des informations** : Les informations peuvent être reçues sous forme de voix intérieure, d'images mentales, de sensations physiques ou d'émotions. Il est important de noter toutes les informations reçues, même si elles peuvent sembler incohérentes ou peu claires.

- *Interprétation : Il est important de ne pas forcer les interprétations et de laisser les informations s'intégrer dans votre conscience. Il est également important de se rappeler que les informations reçues peuvent avoir un sens différent à un moment ultérieur.*

- *Fin de la séance : Il est important de remercier l'objet et de le poser délicatement. Il est également recommandé de fermer la séance en faisant un rituel de purification pour éliminer toute énergie négative qui pourrait être restée dans la pièce. Il est important de prendre le temps de relire les informations reçues et de les intégrer à votre vie quotidienne. Il est aussi important de se rappeler que l'interprétation des informations reçues peut évoluer avec le temps.*

- *Il est important de noter que la psychométrie est une capacité personnelle qui peut être développée avec la pratique. Il est également important de ne pas utiliser les informations reçues pour tromper les gens ou prendre des décisions qui peuvent causer des dommages. Il est recommandé de s'informer sur les risques potentiels et de se familiariser avec les techniques de psychométrie avant de mener une séance de psychométrie.*

Il existe plusieurs exercices spirituels que l'on peut pratiquer pour améliorer ses capacités psychiques, comme :

- **La méditation :** La méditation est un excellent moyen de se concentrer sur soi-même et de développer sa conscience. Il est important de s'assoir confortablement et de se concentrer sur sa respiration pour atteindre un état de relaxation profonde.

- **La visualisation :** La visualisation consiste à se représenter mentalement des images, des scènes ou des situations pour atteindre un objectif ou pour développer ses capacités psychiques. Il est important de se concentrer sur les détails de l'image et de ressentir les émotions qui vont avec.

- **Le développement de la perception extrasensorielle :** Il existe différentes techniques pour développer sa perception extrasensorielle, comme la clairaudience, la clairvoyance, la clairsentience, la télépathie, l'écriture automatique, entre autres. Il est important de pratiquer régulièrement ces techniques pour les développer.

- **Le déveil de la kundalini :** Le éveil de la kundalini est une pratique spirituelle qui consiste à activer l'énergie spirituelle qui repose au fond de la colonne vertébrale pour atteindre un état de conscience élevé. Il est important de pratiquer cette technique sous la guidance d'un enseignant expérimenté pour éviter les risques potentiels.

- *La communication avec les guides spirituels : Il est possible de communiquer avec les guides spirituels pour obtenir de l'aide, des conseils ou des réponses à des questions. Il est important de se rappeler que les guides spirituels ne peuvent pas prendre les décisions à votre place et qu'il est important de suivre son propre jugement.*

- *L'auto-hypnose : l'auto-hypnose permet de se plonger dans un état de conscience modifié pour atteindre un état de relaxation profonde et pour accéder à des informations inconscientes.*

- *Le Reiki : Le Reiki est une technique de guérison énergétique qui consiste à transmettre de l'énergie à travers les mains pour équilibrer les chakras et améliorer la santé physique et mentale.*

Il est important de rappeler que pour améliorer ses capacités psychiques il est important de pratiquer régulièrement ces exercices, d'être patient et persévérant, il est également important de s'informer sur les risques potentiels et de se familiariser avec les techniques avant de les pratiquer.

- *Méditation de la respiration : Pour cet exercice, asseyez-vous confortablement sur une chaise ou en tailleur sur un tapis, fermez les yeux et portez votre attention sur votre respiration. Inspirez profondément par le nez, en comptant jusqu'à 4, puis expirez lentement par la bouche en comptant jusqu'à 8. Répétez cet exercice pendant 10 minutes, en vous concentrant uniquement sur votre respiration. Cette technique vous aidera à vous détendre et à calmer votre esprit.*

- *Méditation de la pleine conscience : Pour cet exercice, asseyez-vous confortablement sur une chaise ou en tailleur sur un tapis, fermez les yeux et concentrez-vous sur vos sens. Commencez par vos pieds et remontez lentement dans votre corps, en vous concentrant sur chaque partie de votre corps. Enfin, concentrez-vous sur votre respiration. Si des pensées surgissent dans votre esprit, observez-les simplement et laissez-les passer sans vous y attacher. Répétez cet exercice pendant 10 minutes, en vous concentrant uniquement sur votre respiration et vos sens. Cette technique vous aidera à développer votre conscience de soi et à améliorer votre capacité à être présent dans l'instant présent.*

- *Il est important de noter que la méditation peut prendre un certain temps pour être maîtrisée, il est donc important de pratiquer régulièrement et d'être patient avec soi-même. Il est également important de choisir un endroit calme et tranquille pour méditer, et de s'habiller confortablement. Il est également utile de fixer un horaire régulier pour méditer chaque jour, afin que cela devienne une habitude.*

- *La visualisation de l'objectif :* Pour cet exercice, fermez les yeux et visualisez vous en train de gagner au loto ou à un autre jeu d'argent. Imaginez tous les détails de la situation, comme la sensation de tenir le billet gagnant, le montant que vous avez gagné, les personnes avec qui vous partagez cette expérience. Il est important de se concentrer sur les émotions positives que cela vous procure, comme la joie, la gratitude, l'excitation. Répétez cet exercice régulièrement, en le modifiant pour inclure de nouveaux détails ou des situations différentes.

- *La méditation sur l'abondance :* Pour cet exercice, asseyez-vous confortablement et fermez les yeux. Imaginez une lumière dorée entourant votre corps, symbolisant l'abondance et la prospérité. Imaginez cette lumière s'élargissant pour envelopper tout votre environnement, attirant à vous l'abondance financière. Répétez une affirmation positive liée à l'abondance financière, comme "Je suis riche et prospère" ou "Je gagne de l'argent facilement et en abondance". Répétez cet exercice régulièrement, en vous concentrant sur les émotions positives d'abondance.

- *La prière :* La prière est une pratique spirituelle qui consiste à demander de l'aide ou des conseils à une force supérieure. Il est possible de prier pour la prospérité financière, pour la chance aux jeux d'argent, pour la sagesse pour prendre les bonnes décisions financières, etc. Il est important de s'incliner devant cette force supérieure, avec humilité, gratitude et confiance, et de se rappeler de remercier pour les bénédictions reçues. Il est important de noter que la prière n'est pas un moyen de manipuler ou de tromper les autres, mais plutôt un moyen de se connecter à une source de soutien et de guidance supérieure. Il est important de se rappeler que les prières ne sont pas toujours exaucées de la manière que l'on souhaite, mais que tout est pour notre plus grand bien.

- *La méditation de la clairvoyance : Asseyez-vous confortablement et fermez les yeux. Imaginez une boule de lumière devant vous et concentrez-vous sur cette lumière. Imaginez que cette lumière s'ouvre comme une porte et vous permet de voir des images liées à l'avenir, comme les numéros gagnants à un jeu d'argent. Pratiquez cet exercice régulièrement pour développer votre capacité à voir l'avenir.*

- *L'écriture automatique : Pour cet exercice, asseyez-vous à un bureau avec un stylo et un papier. Fermez les yeux et concentrez-vous sur votre respiration. Demandez à recevoir des informations sur les numéros gagnants à un jeu d'argent ou tout autre sujet lié aux gains financiers. Ouvrez les yeux et écrivez tout ce qui vous vient à l'esprit, sans vous censurer. Répétez cet exercice régulièrement pour développer votre capacité à recevoir des informations par écriture automatique.*

- *La méditation de la clairsentience : Asseyez-vous confortablement et fermez les yeux. Imaginez un fil d'énergie qui relie votre cœur à un lieu ou à une personne qui détient des informations sur les gains financiers. Imaginez que cette énergie vous transporte vers cette personne ou ce lieu et vous permet de recevoir des informations par ressenti. Pratiquez cet exercice régulièrement pour développer votre capacité à recevoir des informations par clairsentience.*

- *La télépathie : Pour cet exercice, asseyez-vous en face d'un ami ou d'un partenaire de pratique. Fermez les yeux et concentrez-vous sur votre respiration. Demandez à votre ami ou partenaire de penser à un numéro qu'il souhaite envoyer à travers la télépathie. Ouvrez les yeux et essayez de recevoir ce numéro par télépathie. Répétez cet exercice régulièrement pour développer votre capacité à communiquer par télépathie.*

- *La méditation de la clairaudience : Asseyez-vous confortablement et fermez les yeux. Imaginez un fil d'énergie qui relie votre oreille à une personne ou à un lieu qui détient des informations sur les gains financiers. Imaginez que cette énergie vous transporte vers cette personne ou ce lieu et vous permet de recevoir des informations par clairaudience. Pratiquez cet exercice régulièrement pour développer votre capacité à recevoir des informations par clairaudience.*

- *La divination : Il existe de nombreux outils de divination, comme les cartes, les pendules, les runes, les dés, etc. qui peuvent être utilisés pour recevoir des informations sur les gains financiers. Il est important de se familiariser avec les différents outils de divination et de pratiquer régulièrement pour développer sa capacité à utiliser ces outils pour recevoir des informations. Il est également important de se rappeler que la divination n'est pas une science exacte et il est important de suivre son propre jugement et de ne pas se fier uniquement aux prédictions obtenues par la divination.*

- *La visualisation créatrice : pour cet exercice, asseyez-vous confortablement et fermez les yeux. Imaginez que vous êtes entouré d'une lumière dorée qui symbolise l'abondance et la prospérité. Imaginez que vous avez déjà gagné au jeu d'argent que vous désirez et imaginez tous les détails de cette situation, les émotions que cela vous procure, les personnes avec qui vous partagez cette expérience, etc. Répétez cet exercice régulièrement pour renforcer cette image dans votre esprit.*

- *Le lâcher prise : pour cet exercice, asseyez-vous confortablement et fermez les yeux. Portez votre attention sur vos pensées et vos émotions liées à la gagné aux jeux d'argent. Remarquez les pensées négatives ou les blocages émotionnels que vous pourriez ressentir, comme la peur de perdre ou de ne pas être assez chanceux. Imaginez que vous laissez aller ces pensées et émotions en les laissant s'écouler de votre esprit, comme de l'eau qui coule d'une source.*

- *L'ancrage : pour cet exercice, choisissez un objet ou un geste qui symbolise pour vous la chance ou la prospérité financière, comme une pièce de monnaie ou un porte-bonheur. Tenez cet objet ou faites ce geste en visualisant que vous attirez la chance et la prospérité financière dans votre vie. Utilisez cet ancrage avant de jouer au jeu d'argent ou lorsque vous pensez à vos objectifs financiers pour renforcer votre intention.*

- *La gratitude : prenez quelques minutes chaque jour pour écrire ou penser à toutes les choses pour lesquelles vous êtes reconnaissant, y compris les gains financiers que vous avez déjà reçus. La gratitude attire l'abondance et la prospérité dans votre vie.*

- *Le nettoyage énergétique : pour cet exercice, asseyez-vous confortablement et fermez les yeux. Imaginez que vous êtes entouré d'une bulle de lumière blanche qui vous protège des énergies négatives. Imaginez que cette bulle aspire toutes les énergies négatives de votre corps et de votre esprit, comme la peur de perdre ou la frustration liée aux jeux d'argent.*

- *La programmation subconsciente : pour cet exercice, asseyez-vous confortablement et fermez les yeux. Répétez des affirmations positives liées aux gains financiers, comme "Je suis chanceux aux jeux d'argent" ou "Je gagne de l'argent facilement et en abondance" pendant quelques minutes chaque jour. Il est important de répéter ces affirmations avec conviction et de les visualiser comme déjà réalisées dans votre esprit pour reprogrammer votre subconscient pour attirer la chance et la prospérité financière dans votre vie.*

- *La visualisation du succès : pour cet exercice, asseyez-vous confortablement et fermez les yeux. Imaginez vous en train de jouer et de gagner à un jeu d'argent spécifique, en visualisant tous les détails de la situation, les émotions qui vont avec, les personnes avec qui vous partagez cette expérience etc. Répétez cet exercice régulièrement pour renforcer cette image dans votre esprit et pour vous aider à vous concentrer sur votre objectif.*

- *La respiration consciente : pour cet exercice, asseyez-vous confortablement et fermez les yeux. Portez votre attention sur votre respiration et respirez profondément et lentement. En inspirant, imaginez que vous inspirez l'abondance et en expirant, imaginez que vous laissez aller toutes les émotions négatives liées aux jeux d'argent. Répétez cet exercice avant de jouer pour vous aider à vous détendre et à rester concentrer sur votre objectif.*

- *La visualisation mentale : pour cet exercice, asseyez-vous confortablement et fermez les yeux. Imaginez vous en train de jouer à un jeu d'argent spécifique et visualisez les résultats que vous souhaitez obtenir, en vous concentrant sur les détails et les émotions qui accompagnent cette situation. Répétez cet exercice régulièrement pour renforcer cette image dans votre esprit et pour vous aider à vous concentrer sur votre objectif.*

- **L'écriture automatique** : pour cet exercice, asseyez-vous à un bureau avec un stylo et un papier. Fermez les yeux et concentrez-vous sur votre respiration. Demandez à recevoir des informations sur les numéros gagnants à un jeu d'argent ou tout autre sujet lié aux gains financiers. Ouvrez les yeux et écrivez tout ce qui vous vient à l'esprit, sans vous censurer. Répétez cet exercice régulièrement pour développer votre capacité à recevoir des informations par écriture automatique.

- **La programmation de rêve lucide** : pour cet exercice, avant de dormir, fixez l'intention de rêver d'un scénario lié aux gains financiers. Pendant la nuit, pratiquez la technique de rêve lucide pour prendre conscience que vous rêvez et pour influencer le cours de vos rêves. En rêvant de gains financiers, vous pourriez recevoir des informations ou des idées qui vous aideront à réaliser vos objectifs.

- **La méditation de la gratitude** : pour cet exercice, asseyez-vous confortablement et fermez les yeux. Portez votre attention sur votre respiration. Imaginez toutes les choses pour lesquelles vous êtes reconnaissant, y compris les gains financiers que vous avez déjà reçus. Imaginez que cette gratitude attire l'abondance et la prospérité dans votre vie. Répétez cet exercice régulièrement pour renforcer cette sensation de gratitude dans votre esprit.

Chapitre 3 :

Prières et rituels pour attirer la chance. Présenter des prières et des rituels utilisés pour attirer la chance et la prospérité, et expliquer comment ils peuvent être utilisés pour gagner aux jeux d'argent.

Les prières peuvent être utilisées pour demander de l'aide à des êtres supérieurs, tels que des anges ou des guides spirituels, ou pour invoquer des entités ou des déités spécifiques associées à la chance et à la prospérité, comme Sainte-Anne, Sainte-Marthe, Saint-Jude, etc. Ces prières peuvent être récitées à haute voix ou silencieusement, selon les préférences de chaque personne.

Les rituels peuvent inclure des actions physiques telles que l'utilisation d'huiles essentielles, de bougies, de pierres précieuses, de symboles, de talismans, etc. Ces rituels peuvent être utilisés pour purifier l'espace ou pour attirer des énergies positives, comme la chance et la prospérité.

Il est important de noter que ces prières et rituels ne garantissent pas de gagner aux jeux d'argent, mais ils peuvent aider à attirer des énergies positives et à se concentrer sur ses objectifs. Il est également important de se rappeler que la chance est souvent le résultat d'un travail acharné, de la prise de décision éclairée, et de la persévérance, et non seulement d'un rituel ou d'une prière.

Il est important de noter que les prières ne garantissent pas de gagner aux jeux d'argent, ils peuvent aider à attirer des énergies positives et à se concentrer sur ses objectifs. Il est également important de se rappeler que la chance est souvent le résultat d'un travail acharné, de la prise de décision éclairée et de la persévérance, et non seulement d'une prière.

- "Ange gardien de la chance, veille sur moi et guide-moi vers la prospérité financière."

- "Saint-Jude, patron des causes désespérées, aide-moi à gagner aux jeux d'argent."

- "Sainte-Marthe, protège-moi des mauvais sorts et des énergies négatives qui pourraient me bloquer dans mes gains financiers."

- "Dieu tout-puissant, guide-moi vers les bonnes décisions et les opportunités financières qui m'aideront à réaliser mes rêves."

- "Sainte-Anne, mère de la Vierge Marie, aide-moi à attirer l'abondance et la prospérité dans ma vie."

- "Archange Michaël, protège-moi des énergies négatives et des personnes jalouses qui pourraient me bloquer dans mes gains financiers."

- *"Dieu de l'abondance, ouvre les portes de la prospérité financière pour moi."*

- *"Sainte-Catherine, patronne des jeux de hasard, guide-moi vers les bonnes décisions pour gagner aux jeux d'argent."*

- *"Ange de la chance, apporte-moi la chance et la prospérité financière dans tous les aspects de ma vie."*

- *"Dieu de l'abondance, aide-moi à attirer des énergies positives pour augmenter mes chances de gagner aux jeux d'argent."*

- *"Sainte-Thérèse, patronne des affaires financières, guide-moi vers les bonnes décisions pour augmenter mes gains financiers."*

- *"Dieu tout-puissant, ouvre les portes de la prospérité financière pour moi et guide-moi vers les opportunités qui m'aideront à réaliser mes rêves."*

Il est important de noter que ces prières peuvent varier selon les croyances et les traditions de chacun, il est donc important de les adapter en fonction de ses propres convictions.

- "Ange de la richesse et de l'abondance, je t'invoque pour t'implorer de m'apporter la prospérité financière. Guide-moi vers les bonnes décisions et les opportunités qui m'aideront à réaliser mes rêves. Protège-moi des énergies négatives et des personnes jalouses qui pourraient me bloquer dans mes gains financiers. Je te remercie pour toutes les bénédictions que tu m'apportes chaque jour. Amen."

- "Sainte-Marthe, protectrice des affaires financières, je t'invoque pour te demander de m'aider à gagner aux jeux d'argent. Je te demande de me guider vers les bonnes décisions pour augmenter mes chances de gagner. Aide-moi à attirer l'abondance et la prospérité dans ma vie. Protège-moi des mauvais sorts et des énergies négatives qui pourraient me bloquer dans mes gains financiers. Je te remercie pour toutes les bénédictions que tu m'apportes chaque jour. Amen."

- "Saint-Jude, patron des causes désespérées, je m'adresse à toi aujourd'hui pour te demander de m'aider à gagner aux jeux d'argent. Je te demande de m'apporter la chance et la prospérité financière. Aide-moi à prendre les bonnes décisions pour augmenter mes gains financiers. Je crois en ta puissance et je sais que tu vas m'aider à réaliser mes rêves. Je te remercie pour toutes les bénédictions que tu m'apportes chaque jour. Amen."

- "Dieu tout-puissant, je te remercie pour toutes les bénédictions que tu m'as apportées dans ma vie. Aujourd'hui, je te demande de m'aider à gagner aux jeux d'argent. Ouvre les portes de la prospérité financière pour moi et guide-moi vers les opportunités qui m'aideront à réaliser mes rêves. Protège-moi des énergies négatives et des personnes jalouses qui pourraient me bloquer dans mes gains financiers. Je crois en ta puissance et je sais que tu vas m'aider à réaliser mes rêves. Amen."

- "Sainte-Anne, mère de la Vierge Marie, je t'invoque pour te demander de m'apporter l'abondance et la prospérité financière. Aide-moi à attirer les bonnes énergies pour augmenter mes chances de gagner aux jeux d'argent.

- Protège-moi des mauvais sorts et des énergies négatives qui pourraient me bloquer dans mes gains financiers. Je te remercie pour toutes les bénédictions que tu m'apportes chaque jour. Amen."

- "Archange Michaël, protecteur des énergies positives, je t'invoque pour te demander de me protéger des énergies négatives et des personnes jalouses qui pourraient me bloquer dans mes gains financiers. Aide-moi à attirer la chance et la prospérité financière. Guide-moi vers les bonnes décisions pour augmenter mes gains aux jeux d'argent. Je te remercie pour ta protection et pour toutes les bénédictions que tu m'apportes chaque jour. Amen."

Il est important de rappeler que ces prières sont un moyen de demander de l'aide à des êtres supérieurs, des guides spirituels ou des entités, mais il est important de rappeler que la chance est souvent le résultat d'un travail acharné, de la prise de décision éclairée, et de la persévérance, et non seulement d'une prière. Il est également important de respecter les lois et les règles en vigueur dans chaque pays concernant les jeux d'argent.

Il est important de rappeler que les rituels ne garantissent pas de gagner aux jeux d'argent, ils peuvent aider à attirer des énergies positives et à se concentrer sur ses objectifs. Il est également important de se rappeler que la chance est souvent le résultat d'un travail acharné, de la prise de décision éclairée et de la persévérance, et non seulement d'un rituel.

- Rituel de purification : Avant de commencer tout rituel pour gagner aux jeux d'argent, il est important de purifier son espace et son corps. Pour ce faire, vous pouvez utiliser de l'encens ou de la sauge pour purifier l'air, ou vous pouvez prendre une douche ou un bain avec des herbes comme la lavande ou le romarin pour purifier votre corps.

- Rituel de visualisation : Pour ce rituel, vous devez vous asseoir confortablement et fermer les yeux. Visualisez-vous en train de gagner aux jeux d'argent, ressentez les émotions de la joie et de l'excitation que cela vous apporte. Imaginez-vous en train de recevoir l'argent gagné, tenez cette image dans votre tête le plus longtemps possible.

- Rituel d'utilisation des pierres précieuses : Certaines pierres précieuses sont considérées comme ayant des propriétés positives pour attirer la chance et l'abondance. Vous pouvez utiliser des pierres comme l'aigue-marine, la citrine ou l'émeraude pour réaliser un rituel. Placez la pierre sur votre bureau ou dans votre portefeuille avant de jouer.

- *Rituel de l'utilisation de bougies : Allumez une bougie verte ou jaune et placez-la devant vous. En visualisant votre souhait, répétez une phrase comme "Je gagne aux jeux d'argent" en regardant la flamme de la bougie.*

- *Rituel d'utilisation d'huiles essentielles : Certaines huiles essentielles sont considérées comme ayant des propriétés positives pour attirer la chance et l'abondance. Utilisez des huiles comme l'huile de patchouli, de lavande ou de citronnelle pour réaliser un rituel. Appliquez quelques gouttes sur vos mains ou sur un mouchoir avant de jouer. Vous pouvez également ajouter quelques gouttes dans un diffuseur d'huiles essentielles dans la pièce où vous jouez.*

- *Rituel d'utilisation de l'argent: Prenez une pièce de monnaie et en visualisant votre souhait, répétez une phrase comme "Je gagne aux jeux d'argent" en tenant la pièce dans votre main. Placez la pièce dans votre portefeuille ou dans votre sac à main avant de jouer.*

- *Il est important de rappeler que ces rituels peuvent varier selon les croyances et les traditions de chacun, il est donc important de les adapter en fonction de ses propres convictions. Il est également important de respecter les lois et les règles en vigueur dans chaque pays concernant les jeux d'argent.*

Rituel de purification

- Préparer les outils nécessaires pour le rituel de purification : avant de commencer le rituel, vous devrez vous assurer d'avoir tous les outils nécessaires à portée de main. Pour purifier l'air, vous aurez besoin d'encens ou de sauge. Pour purifier votre corps, vous aurez besoin d'herbes comme la lavande ou le romarin pour préparer un bain ou une douche.

- Purification de l'air: Allumez l'encens ou brûlez de la sauge pour purifier l'air. Faites attention de ne pas trop enfumer la pièce, vous pouvez ouvrir une fenêtre pour aérer. Laissez l'encens ou la sauge brûler pendant environ 10 minutes en vous concentrant sur votre souhait de purification et de chance.

- Purification du corps : Préparez un bain ou une douche avec de l'eau chaude et ajoutez quelques herbes comme la lavande ou le romarin. Prenez le temps de vous détendre et de vous concentrer sur votre souhait de purification. Lavez-vous de la tête aux pieds en visualisant toute l'énergie négative qui quitte votre corps.

- *Se concentrer sur l'objectif:* Pendant tout le processus de purification, il est important de se concentrer sur l'objectif de gagner aux jeux d'argent. Visualisez-vous en train de gagner, ressentez les émotions de la joie et de l'excitation que cela vous apportera. Imaginez-vous en train de recevoir l'argent gagné, tenez cette image dans votre tête le plus longtemps possible.

- *Terminer le rituel:* Une fois que vous avez terminé le processus de purification, prenez le temps de remercier les êtres supérieurs, les guides spirituels ou les entités qui vous ont aidé pendant le rituel. Éteignez l'encens ou la sauge et rangez les herbes utilisées.

Il est important de rappeler que ces rituels peuvent varier selon les croyances et les traditions de chacun, il est donc important de les adapter en fonction de ses propres convictions. Il est également important de respecter les lois et les règles en vigueur dans chaque pays concernant les jeux d'argent.

Rituel de visualisation

- **Préparation :** Trouvez un endroit calme et confortable où vous pourrez vous asseoir et fermer les yeux. Il est important de s'assurer que vous ne serez pas dérangé pendant le rituel. Vous pouvez également utiliser une musique relaxante pour vous aider à vous détendre.

- **Fermer les yeux :** Une fois que vous êtes installé confortablement, fermez les yeux et respirez profondément. Concentrez-vous sur votre respiration et laissez vos pensées vagabonder.

- **Visualisation :** Commencez à visualiser vous-même en train de gagner aux jeux d'argent. Imaginez tous les détails de la situation, les sons, les odeurs, les couleurs, les gens autour de vous. Imaginez le moment où vous découvrez que vous avez gagné, ressentez l'excitation, la joie et la gratitude que cela vous apporte.

- **Ressentir les émotions :** Il est important de ressentir les émotions positives qui accompagnent votre visualisation. Imaginez que vous êtes en train de vivre cette situation réellement, ressentez la joie, l'excitation et la gratitude.

- *Tenir l'image dans votre tête :* Tenez cette image dans votre tête le plus longtemps possible. Respirez profondément et maintenez votre concentration pendant au moins 5 à 10 minutes. Plus vous pourrez maintenir cette image dans votre tête, plus elle sera efficace.

- *Terminer le rituel :* Lorsque vous avez fini de visualiser, prenez quelques minutes pour vous recentrer et reprendre contact avec la réalité. Ouvrez les yeux et remerciez les êtres supérieurs, les guides spirituels ou les entités qui vous ont aidé pendant le rituel.

Il est important de rappeler que ces rituels ne garantissent pas de gagner aux jeux d'argent, ils peuvent aider à attirer des énergies positives et à se concentrer sur ses objectifs. Il est également important de se rappeler que la chance est souvent le résultat d'un travail acharné, de la prise de décision éclairée et de la persévérance, et non seulement d'un rituel. Il est également important de respecter les lois et les règles en vigueur dans chaque pays concernant les jeux d'argent.

Rituel d'utilisation des pierres précieuses

- **Préparation :** Pour ce rituel, vous aurez besoin d'une pierre précieuse qui est considérée comme ayant des propriétés positives pour attirer la chance et l'abondance. Certaines pierres populaires pour ce genre de rituel sont l'aigue-marine, la citrine et l'émeraude.

- **Choisir la pierre:** Choisissez une pierre qui vous attire personnellement, une pierre que vous aimez le toucher, la regarder ou la porter. Il est important de choisir une pierre qui vous inspire de la confiance et de la positivité.

- **Nettoyer la pierre:** Avant de commencer le rituel, il est important de nettoyer la pierre pour éliminer toute énergie négative qui pourrait s'y trouver. Vous pouvez utiliser de l'eau distillée ou de l'eau de source pour nettoyer la pierre, ou vous pouvez la placer sur un amas de sel pendant quelques heures.

- **Placer la pierre:** Placez la pierre sur votre bureau ou dans votre portefeuille, près de votre argent avant de jouer. Il est important de laisser la pierre proche de vous pendant tout le temps que vous jouez.

- *Visualiser :* Fermez les yeux et visualisez vous-même en train de gagner aux jeux d'argent, ressentez les émotions de la joie et de l'excitation que cela vous apporte. Imaginez-vous en train de recevoir l'argent gagné, tenez cette image dans votre tête le plus longtemps possible.

- *Terminer le rituel :* Une fois que vous avez terminé le rituel, remerciez les êtres supérieurs, les guides spirituels ou les entités qui vous ont aidé pendant le rituel. Gardez la pierre près de vous pour continuer à attirer l'abondance et la chance dans votre vie.

Il est important de rappeler que ces rituels ne garantissent pas de gagner aux jeux d'argent, ils peuvent aider à attirer des énergies positives et à se concentrer sur ses objectifs. Il est également important de se rappeler que la chance est souvent le résultat d'un travail acharné, de la prise de décision éclairée et de la persévérance, et non seulement d'un rituel. Il est également important de respecter les lois et les règles en vigueur dans chaque pays concernant les jeux d'argent.

Rituel de l'utilisation de bougies

- **Préparation :** Pour ce rituel, vous aurez besoin d'une bougie verte ou jaune, qui sont considérées comme ayant des propriétés positives pour attirer la chance et l'abondance. Vous aurez également besoin d'un endroit calme et sûr pour allumer la bougie.

- **Choisir la bougie :** Choisissez une bougie de la couleur qui vous attire personnellement, qui vous inspire de la confiance et de la positivité, vert ou jaune.

- **Allumer la bougie :** Allumez la bougie en prenant soin de respecter les règles de sécurité incendie. Placez la bougie devant vous, sur une table ou un bureau.

- **Visualiser :** Fermez les yeux et visualisez vous-même en train de gagner aux jeux d'argent, ressentez les émotions de la joie et de l'excitation que cela vous apporte. Imaginez-vous en train de recevoir l'argent gagné, tenez cette image dans votre tête le plus longtemps possible.

- **Répéter une phrase :** Tout en regardant la flamme de la bougie, répétez une phrase comme "Je gagne aux jeux d'argent" ou une autre phrase qui exprime votre souhait. Faites cela pendant environ 5 à 10 minutes.

- **Terminer le rituel :** Une fois que vous avez terminé le rituel, remerciez les êtres supérieurs, les guides spirituels ou les entités qui vous ont aidé pendant le rituel. Éteignez la bougie en toute sécurité.

Il est important de rappeler que ces rituels ne garantissent pas de gagner aux jeux d'argent, ils peuvent aider à attirer des énergies positives et à se concentrer sur ses objectifs. Il est également important de se rappeler que la chance est souvent le résultat d'un travail acharné, de la prise de décision éclairée et de la persévérance, et non seulement d'un rituel. Il est également important de respecter les lois et les règles en vigueur dans chaque pays concernant les jeux d'argent.

Rituel d'utilisation d'huiles essentielles

- **Préparation** : Pour ce rituel, vous aurez besoin d'huiles essentielles considérées comme ayant des propriétés positives pour attirer la chance et l'abondance. Certaines huiles populaires pour ce genre de rituel sont l'huile de patchouli, de lavande et de citronnelle. Vous aurez également besoin d'un mouchoir ou d'un flacon compte-gouttes pour appliquer l'huile.

- **Choisir l'huile** : Choisissez une huile qui vous attire personnellement, qui vous inspire de la confiance et de la positivité. Il est important de choisir une huile qui vous parle personnellement.

- **Appliquer l'huile** : Appliquez quelques gouttes d'huile sur vos mains ou sur un mouchoir, frottez vos mains ensemble pour faire pénétrer l'huile. Ou vous pouvez ajouter quelques gouttes dans un diffuseur d'huile essentielle pour diffuser l'huile dans la pièce où vous jouez.

- **Visualiser** : Fermez les yeux et visualisez vous-même en train de gagner aux jeux d'argent, ressentez les émotions de la joie et de l'excitation que cela vous apporte. Imaginez-vous en train de recevoir l'argent gagné, tenez cette image dans votre tête le plus longtemps possible.

- **Sentir l'huile :** Sentez l'huile sur vos mains ou dans l'air, respirez profondément et concentrez-vous sur l'arôme de l'huile. Laissez-vous imprégner de son parfum et de ses propriétés.

- **Terminer le rituel :** Une fois que vous avez terminé le rituel, remerciez les êtres supérieurs, les guides spirituels ou les entités qui vous ont aidé pendant le rituel. Si vous avez utilisé un diffuseur, éteignez-le en toute sécurité. Gardez l'huile près de vous pour continuer à attirer l'abondance et la chance dans votre vie.

Il est important de rappeler que ces rituels ne garantissent pas de gagner aux jeux d'argent, ils peuvent aider à attirer des énergies positives et à se concentrer sur ses objectifs. Il est également important de se rappeler que la chance est souvent le résultat d'un travail acharné, de la prise de décision éclairée et de la persévérance, et non seulement d'un rituel. Il est également important de respecter les lois et les règles en vigueur dans chaque pays concernant les jeux d'argent.

Chapitre 4 :

Conseils et mises en garde. Donner des conseils pour éviter les arnaques et les escroqueries liées à l'ésotérisme et aux jeux d'argent, et mettre en garde contre les risques potentiels de ces pratiques.

Conseils pour éviter les arnaques

Il est important de faire preuve de prudence lorsque vous recherchez des services de voyance ou de médiumnité en lien avec les jeux d'argent. Il existe des individus malveillants qui prétendent offrir des services pour aider à gagner aux jeux d'argent, mais qui ne sont en fait que des escrocs qui cherchent à vous extorquer de l'argent. Il est important de suivre ces conseils pour éviter les arnaques :

- Faites vos recherches : Avant de contacter un voyant ou un médium, faites des recherches sur cette personne. Vérifiez les avis en ligne, les certifications et les qualifications. Assurez-vous que cette personne a une bonne réputation et qu'elle est recommandée par d'autres personnes.

- Ne payez jamais à l'avance : N'envoyez jamais d'argent à un voyant ou un médium avant d'avoir reçu le service. Les escrocs vous demanderont souvent de payer à l'avance pour des services qui ne seront jamais fournis.

- Soyez sceptique : Si quelqu'un vous dit qu'il peut vous aider à gagner aux jeux d'argent avec une méthode secrète ou qu'il a une capacité surnaturelle, soyez sceptique. Il n'y a pas de méthode infaillible pour gagner aux jeux d'argent.

- Protégez vos informations personnelles : Ne donnez jamais vos informations personnelles ou financières à quelqu'un que vous ne connaissez pas. Les escrocs utiliseront ces informations pour vous arnaquer.

Faites attention aux offres trop belles pour être vraies : Si quelqu'un vous offre des gains faciles et rapides, cela peut être une arnaque. Il est important de garder à l'esprit que les gains aux jeux d'argent dépendent de la chance et de la stratégie.

- Évitez les promesses de gains garantis : Si un voyant ou un médium vous promet des gains garantis aux jeux d'argent, il s'agit probablement d'une arnaque. Il est important de se rappeler qu'il n'y a pas de méthode infaillible pour gagner aux jeux d'argent, et que les gains dépendent de la chance et de la stratégie.

- Faites attention aux médiums qui vous demandent de vous connecter à des plateformes de paiement : les escrocs peuvent vous demander de vous connecter à des plateformes de paiement pour vous faire payer des sommes d'argent pour des services qui ne seront jamais fournis.

- Soyez vigilant lorsque vous communiquez en ligne : Si vous communiquez avec un voyant ou un médium en ligne, soyez vigilant quant aux informations personnelles que vous partagez. Il est important de ne pas partager des informations sensibles telles que les détails de votre compte bancaire ou vos informations de carte de crédit.

En suivant ces conseils, vous pourrez éviter les arnaques liées aux jeux d'argent et aux pratiques ésotériques et vous pourrez vous concentrer sur les aspects positifs de ces pratiques. Il est important de rappeler que ces conseils ne sont pas exhaustifs et qu'il est toujours préférable de consulter un professionnel qualifié pour obtenir des informations plus détaillées et des conseils pertinents.

Conseils pour éviter les escroqueries

En outre, voici quelques conseils supplémentaires pour éviter les escroqueries liées aux jeux d'argent:

- **Ne croyez pas aux systèmes de paris garantis :** Il n'y a pas de système infaillible pour gagner aux jeux d'argent, et toute personne qui prétend avoir un tel système est probablement une escroquerie.

- **Soyez méfiant envers les offres trop belles pour être vraies :** Si quelqu'un vous offre des gains faciles et rapides aux jeux d'argent, soyez sceptique. Les gains aux jeux d'argent dépendent de la chance et de la stratégie, et il n'y a pas de méthode infaillible.

- **N'achetez pas de produits ou de services coûteux :** Il est important de ne pas acheter des produits ou des services coûteux qui prétendent pouvoir vous aider à gagner aux jeux d'argent. Il n'y a pas de produits magiques ou de services qui peuvent vous aider à gagner aux jeux d'argent.

-

- Évitez les investissements dans les entreprises qui prétendent avoir des méthodes secrètes : Il est important de ne pas investir de l'argent dans une entreprise qui prétend avoir des méthodes secrètes pour gagner aux jeux d'argent. Ces entreprises sont souvent des escroqueries qui cherchent à vous extorquer de l'argent.

- Faites attention aux demandes de virement d'argent : Si quelqu'un vous demande de lui envoyer de l'argent pour vous aider à gagner aux jeux d'argent, il s'agit probablement d'une escroquerie. Il est important de ne pas envoyer d'argent à quelqu'un que vous ne connaissez pas.

- Soyez vigilant lorsque vous communiquez en ligne : Si vous communiquez avec quelqu'un en ligne qui prétend pouvoir vous aider à gagner aux jeux d'argent, soyez vigilant quant aux informations personnelles que vous partagez. Il est important de ne pas partager des informations sensibles telles que les détails de votre compte bancaire ou vos informations de carte de crédit.

Il est important de rappeler que ces conseils ne sont pas exhaustifs et qu'il est toujours préférable de consulter un professionnel qualifié pour obtenir des informations plus détaillées et des conseils pertinents. Il est également important de respecter les lois et les réglementations en vigueur dans son pays en matière de jeux d'argent pour éviter tout problème juridique.

Mises en garde contre les risques potentiels

Il est également important de prendre en compte les risques potentiels liés à l'utilisation de techniques ésotériques pour gagner aux jeux d'argent :

- Les jeux d'argent peuvent causer des problèmes financiers importants : Les jeux d'argent peuvent causer des problèmes financiers importants si vous ne les gérez pas de manière responsable. Il est important de fixer un budget pour vos paris et de ne pas dépasser ce budget.

- Les jeux d'argent peuvent causer des problèmes émotionnels : Les jeux d'argent peuvent causer des problèmes émotionnels tels que la dépendance, l'anxiété et la dépression si vous ne les gérez pas de manière responsable. Il est important de prendre du recul et de se rappeler que les jeux d'argent ne doivent pas être considérés comme une solution à vos problèmes financiers ou émotionnels.

- L'ésotérisme peut causer des problèmes émotionnels : Les pratiques ésotériques peuvent causer des problèmes émotionnels tels que l'anxiété et la dépression si vous vous y investissez trop. Il est important de maintenir un bon équilibre entre les pratiques spirituelles et les jeux d'argent pour éviter les problèmes.

Il est important de maintenir une certaine distance critique : Il est important de maintenir une certaine distance critique lorsque vous utilisez des techniques ésotériques pour gagner aux jeux d'argent. Il est important de se rappeler que ces techniques ne sont pas infaillibles et qu'il y a toujours un facteur de chance dans les jeux d'argent. Il est important de ne pas se fier uniquement aux rituels ou aux prières pour gagner, mais de les utiliser en complément d'une stratégie de jeu responsable. Il est également important de ne pas s'investir trop émotionnellement dans les résultats des jeux d'argent, et de ne pas mettre en jeu plus d'argent que vous ne pouvez vous permettre de perdre.

Conclusion

La conclusion de votre livre peut résumer les principaux points abordés dans les chapitres précédents, tels que l'histoire et les origines du spiritisme, les techniques et exercices spirituels, les prières et rituels pour attirer la chance, ainsi que les conseils et les mises en garde liés à l'utilisation de l'ésotérisme et des jeux d'argent. Il est important de rappeler aux lecteurs l'importance de pratiquer de manière responsable et de ne pas se fier uniquement aux pratiques ésotériques pour gagner aux jeux d'argent. Il est également important de rappeler aux lecteurs de ne pas investir plus d'argent qu'ils ne peuvent se permettre de perdre et de ne pas se mettre dans des situations financières difficiles.

Pour poursuivre la pratique de l'ésotérisme et des jeux d'argent de manière responsable, il est important de :

- Fixer un budget pour les jeux d'argent et de ne pas dépasser ce budget
- Maintenir un bon équilibre entre les pratiques spirituelles et les jeux d'argent
- Ne pas se fier uniquement aux rituels ou aux prières pour gagner
- Utiliser des techniques ésotériques en complément d'une stratégie de jeu responsable
- Ne pas mettre en jeu plus d'argent que vous ne pouvez vous permettre de perdre
- Ne pas s'investir trop émotionnellement dans les résultats des jeux d'argent
- Se rappeler que les jeux d'argent ne doivent pas être considérés comme une solution à vos problèmes financiers ou émotionnels.
-

Enfin, il est important de rappeler aux lecteurs de se rappeler que l'ésotérisme et les jeux d'argent ne sont pas des solutions miracle, et qu'il est important de continuer à pratiquer de manière responsable.

Il est également important de rappeler aux lecteurs de ne pas se laisser entraîner dans les escroqueries et les arnaques liées à l'ésotérisme et aux jeux d'argent. Il est important de faire preuve de discernement et de ne pas croire tout ce qui est présenté comme étant une méthode infaillible pour gagner aux jeux d'argent.

Il est important de se renseigner sur les personnes ou les entreprises avec lesquelles vous travaillez et de ne pas donner d'argent ou d'informations personnelles à des inconnus.

Il est également important de rappeler aux lecteurs que l'ésotérisme et les jeux d'argent ne sont pas des solutions à long terme pour résoudre les problèmes financiers ou émotionnels.

Il est important de travailler sur soi-même et de résoudre les problèmes de fond plutôt que de chercher des solutions à court terme.

Enfin, il est important de rappeler aux lecteurs de continuer à apprendre et à se développer, de lire des livres, de participer à des groupes de discussion ou à des ateliers pour continuer à apprendre sur l'ésotérisme et les jeux d'argent.

Il est important de continuer à se poser des questions et à se remettre en question pour éviter les pièges et les erreurs courantes.

Je tiens à exprimer ma profonde gratitude à tous ceux qui ont contribué de près ou de loin à la réalisation de ce livre sur le spiritisme et les jeux d'argent.

Tout d'abord, je tiens à remercier mes proches et mes amis pour leur soutien constant et leur encouragement tout au long de ce projet. Votre présence et votre soutien ont été précieux pour moi, et je suis reconnaissant pour tout ce que vous avez fait pour moi.

Je veux également remercier mes mentors et mes professeurs qui ont partagé leur savoir et leur expérience avec moi, m'aidant à comprendre les sujets liés à l'ésotérisme et aux jeux d'argent. Je vous suis très reconnaissant pour vos conseils et vos enseignements.

Je ne pourrais pas avoir réalisé ce livre sans l'aide de mon éditeur et de mon équipe d'édition qui ont travaillé avec diligence et professionnalisme pour améliorer mon travail et le rendre accessible au public. Je suis reconnaissant pour votre expertise et pour votre engagement à faire de ce livre un succès.

Enfin, je veux remercier tous les lecteurs et les personnes intéressées par le spiritisme et les jeux d'argent. Votre intérêt pour ces sujets est ce qui a inspiré mon travail et j'espère que ce livre répondra à vos attentes et vous aidera dans vos pratiques.

Encore une fois, merci à tous ceux qui ont contribué à la réalisation de ce livre. J'espère que cela sera bénéfique pour vous et que vous apprécierez la lecture.

Ludovic KARI

Printed in Poland
by Amazon Fulfillment
Poland Sp. z o.o., Wrocław

24077733R00036